Rooma opettaa

— Motto: Suomalainen ajattelu toimii kuin väärin päin käyntiin lähtenyt moottori.

— Theodore van der Plujm, YK-virkamies Roomassa

Heikki Rönkkö

Rooma opettaa

© 2015 Heikki Rönkkö

Kustantaja: BoD™ – Books on Demand, Helsinki, Suomi

Valmistaja: Books on Demand GmbH, Norderstedt, Saksa

ISBN: 978-952-318-463-3

Mitä ensimmäinen kirja sai aikaan?

Pienessä maassa kaikkien sanotaan tietävän toisensa, ja siten jakavan keskenään yhteisen totuuden. Silti käsitykset voivat perustua vääriin tietoihin tai tarkoituksella leviteltyihin huhuihin. Toisaalta totuuden sanotaan modernissa ajassa syntyvän yksilöiden kokemuksista. Tämä on Kalervon tarina elämisestä suomenkielisenä Suomessa ja Euroopassa. Tarinaa on kirjoitettu Moskovan ja Rooman kahviloissa etsittäessä vastausta kysymykseen miksi eräät oppineet länsieurooppalaiset olivat kutsuneet Suomea läntisen ajattelun umpiperäksi. Tarinaa on viimeistelty Suomen sotahistoriaa uhkuvien pääkaupunkiseudun kirjastojen hyllyjen välissä, iltakoulukaveri Tainan rohkaisemana Tapiolan baarin tiskillä ja tutun vahtimestarin innostamana Haukilahden pystybaarissa.

Moni on kysellyt miten Kalervon elämä järjestyi niiden nuoruusvuosien jälkeen, joista saatiin lukea kirjasta *"Ole se muutos jota etsit"*. Siinä hän oli kertonut muuttaneensa työn ja koulutuksen perässä Helsinkiin 16-vuotiaana Sonkajärveltä vuonna 1966.

Moukan tuurilla hän oli päässyt juoksupojaksi valtiovarainministeriön sivuvirastoon Ostrobotnian ylimmässä kerroksessa. Sinne kiivetäkseen hän oli tosin joutunut polkemaan hintoja, koska ei tiennyt missä pääposti tai valtioneuvoston linna sijaitsivat. Mutta ilmeisesti hänen parastaan oli siellä jossakin vielä ylempänä ajateltu; vieressä näet sijaitsivat eduskunta ja kansallismuseo; vaihtoehtona kun nuorisotyönvälitys olisi voinut osoittaa työtä vain satamassa. Elämän alustava välitilinpäätös näytti siis suotuisalta. Eikä onnenpotkuista tuntunut tulevan loppua: varo niitä, jotka tyrkyttävät maalaispojille paukkuja, he haluavat päästä naureskelemaan kun "poika pörrää", hänelle oli sanottu.

Uuteen alkuun

Oliko kotkanpojan lento katkennut alkuunsa? Oliko rauhattomana kyselevä mieli vaiennut suomenkielisen kirjallisuuden hiipumisen myötä? Kirjansa nimen *"Ole se muutos jota etsit"* hän oli napannut kirjaston pöydällä lojuneen Helsingin Sanomien kolumnista, jossa päätoimittaja Mikael Pentikäinen ylisti Nelson Mandelan elämäntyötä.

Ylä-Savon paikallislehdet olivat oman seudun pojan kirjan mielihyvällä noteeranneet, sen sijaan Helsingin lehdistä oli saatu ainoastaan lukea hänen pyrkineen

Suomen Pankin johtajan korkeaan virkaan. Mitään muuta havaintoa ei hänestä oltu saatu.

*

60- vuotta täytettyään Kalervo sai keväällä 2010 eläkepäätöksen, jonka turvin hän jätti remonttimiehen työt keskittyen vaikuttamiseen sosiaalisessa mediassa. Vapaana kuin taivaanlintu hän päätti luottaa omien aistiensa välittämiin havaintoihin rakkauden kansanpuolueen hallitsemassa karikkoisessa maassa, vaikka tiesi taipaleen ohdakkeiseksi.

Helsingin Sanomien maan parhaaksi blogiksi mainostama Jukka Kemppisen blogi tarjosi vapaan väylän osoittaa, ettei ihmisen ole hyvä olla yksin.

Koska HS on raatajien, ei idealistien lehti, on sota heillä aina läsnä. Turvamiesten maa, palopäälliköiden poikien Lasse Lehtisen ja Erkki Liikasen sekä univormumiesten Tarja Halosen.

Kalervo valitsi Kemppisellä nimimerkikseen "Kamunen", sillä kuka hyvänsä saattaisi olla kamunen tai kamusen kaveri - toisaalta ajattelijoina itseään pitäville Kamunen voisi tuoda mieleen ranskalaisen nobelkirjailija Albert Camus'n. Kamunen sai pian blogiväeltä vihaisia kommentteja kutsuessaan Suomea ummehtuneeksi museovaltioksi:

Kaikkein pahin kuviteltavissa olevista yhteiskuntamalleista on rumien naisten hallitsema vähemmistöjen paratiisi,

oli muuan 1700-luvun ranskalainen valistusfilosofi kirjoittanut. Sellaisessa näet palkitaan pikemmin halujen kuin kykyjen mukaan. Raivoa herätti myös väite, että

suomalainen kristikansa ei voi tavoitella ikuista sielunrauhaa, sillä vaikka pysyvä maailmanrauha joskus saavutettaisiinkin, täytyisi Dragsvikia kaikissa olosuhteissa voida puolustaa tavallisia tossunkuluttajia vastaan.

10

Eihän Suomessa rakenneta maailmanrauhaa, vaan hallitaan olemassa olevia kriisejä.

*

Kalervo oli aina pitänyt mielessä sonkajärveläisten vanhempiensa neuvot omalle elämäntaipaleelle lähteville nuorille: yhdestä voi tulla hyvä pikajuoksija; toisesta mainio kuulantyöntäjä; kolmannesta menestyvä korkeushyppääjä; pääasia että kukin löytää omat vahvuutensa raastavan kateellisen vertailun sijaan. Samanlaisia ohjeita hän oli kuullut Pohjois-Karjalasta muuttaneelta iltakoulun opettajalta olla luulemasta itsestään Helsingissä liikoja.

-Sinusta saattaa vielä tulla jotakin, kunhan opit varomaan kateutta, suomalaisten perisyntiä. Kateus syntyy ihmisten keskinäisestä vertailusta, joten älä vertaile, vaan kehitä omia projekteja! Maailma on täynnä mahdollisuuksia. Vaikeinta on oppia suhde omaan itseensä; että pitää loppujen lopuksi luottaa itseensä, että täytyy "löytää"

asioita itse, että täytyy "katsoa" asioita itse. Et voi aina odottaa, että toiset tekisivät sen puolestasi,
opasti pohjoiskarjalaisen sydänmaan kasvatti oppilastaan
-Silti jostakin selittämättömästä syystä itäsuomalaisen on aina vaikea menestyä Helsingissä,
oli opettaja-Pertti tyynnytellyt Kalervon intoa.

-Miksi te maalaiset ette koskaan kirjoita omista kokemuksistanne?
oli kaupungilla kyselty,
-me emme tiedä mitä te ajattelette, mutta jos teitä maalaisia tosissaan huvittaa kuulla niin viimeinen juttu minkä me haluamme tietää on, että missä sä synnyit ja millanen oli sun surullinen lapsuutes, ja mitä sun vanhemmat teki ja sillailla ennen kun sä synnyit, ja muuta paskaa a la David Copperfield, mut siihen me emme ihan totta rupee,
ilkkuivat kirjankustantajat.

Sen sijaan että olisivat alkaneet kirjoitella kokemuksistaan, monet olivat muuttaneet ulkomaille; yksi Thaimaaseen, toinen Pariisiin,

12

kolmas Amerikkaan - juuri he olivat menneet,
joiden olisi pitänyt pysyä Suomessa.

*

Lapsesta saakka Kalervon mieltä oli
painanut kysymys miksi kaikkein
pienimmätkin juutalaiset oli natsien toimesta
leimattu hävitettäviksi. Vuosikymmeniä
myöhemmin, vuonna 2006 soiteltuaan läpi
kaikki puolitututkin kansanedustajat,
keskustan Eero Lankia tarjosi pullakahvit
eduskunnan kahvilassa, jolloin hän ymmärsi
muutaman kansanedustajan ilmeestä olevansa
"väärässä" seurassa, nimittäin
ylioppilaskeväänä 1972 Demari- lehden
toimittaja oli kävellyt yllättäen ja pyytämättä
Kalervon työpaikalle vesihallitukseen Pohjois-
Esplanadi 37:een ottamaan valokuvan viisi
laudaturia kirjoittaneesta kevään ylioppilaasta
valtakunnallisen lehtensä etusivulle. Sitä
leimaa hän oli siitä saakka saanut kantaa,
joskin alitajunnan tasolla muisti erään
kanssamaalaisen ihmettelyn miten oli
päätynyt sosiaalidemokraattien porukoihin,

13

koska suomalaisissa demareissa piili outo kansallinen juonne.

-*Mittee poeka! Kyllä minä teejät syrjäkyläläeset tiiän, siellä ne on Varpaisjärvelläkin kaikki sukurutsaisia!*, kajautti Kuopion nuori kansanedustaja Lasse Lehtinen Primulan kulman kahvilan ovella kaikkien kuullen Kalervolle, johon siinä sattumalta törmäsi.

Maataloushallituksen lähettipoikana Kalervo oli käynyt muutaman kerran virka-asioilla eduskunnan kirjastossa, mutta jatkokäynnit Arkadianmäellä olivat jääneet aikomuksiksi hänen viihtyessä "mualla ja mualimalla", sen sijaan virallinen Suomi puistatti, vaikka olikin sekä Kremlin palatsissa että USA:n kongressissa ehtinyt käymään.

Moskova, ministeriö, Rooma

Miten ihmiset elävät suomalaisten naapurissa, olivatko venäläiset edes oikeita ihmisiä? Pelottava mutta samalla kiehtova kommunistinen maailma lymyili aivan vieressä rautaportin takana.

Läntisen ihmisen rajojansa rikkova, uusia maailmoja suunnitteleva uteliaisuus pakotti Kalervon keräämään ryhmän opiskelijakavereita Moskovan matkalle, mutta aivan samoilla viikoilla jolloin heidän piti lähteä, tarjoutui Kalervolle mahdollisuus päästä Kauppakorkeakoulun

ylioppilaskunnan virallisen valtuuskunnan
jäsenenä samaiseen Moskovaan. Se tapahtui
sosialistisen vallankumouksen juhlaviikolla
marraskuussa 1975.

Noina vuosina opiskelijoiden keskuudessa kerrottiin suorasukaisia tarinoita siitä, miten karkeasti Neuvostoliiton politrukit painostivat suomalaisia nuorisopoliitikkoja. Pelättiin kommunismin onnistuneen luomaan uudenlaisen ihmisen joka söisi suomipoikia aamiaismurojen lisukkeena.

Pelottelusta huolimatta Kalervo tapasi Moskovan kansainvälisen talouden korkeakoulun Plehanov-instituutissa hyvin kauniin mustasilmäisen opiskelijatytön.

Verkostoitumassa Kanadassa

Ollessaan vasta toipumassa Moskovan matkasta Kalervo kutsuttiin hakijoiden jonon ohi seuraavaksi kesäksi 1976 opiskelijavierailulle Torontoon edustamaan tavallisia opiskelijoita.

Hyvissä ajoin ennen rapakon taakse lähtöä matkalaiset alkoivat kerätä matkarahoja kokoon kaupittelemalla kirpputoririhkamaa ruotsinkielisen kauppakorkeakoulun aulassa rkp:n ministereille, mistä kertyi Kalervolle välttämätön apu, jota ilman Kanadan kesä olisi jäänyt haaveeksi.

Helsingin seudun korkeakoulujen opiskelijajohtajista kootun ryhmän vetäjänä toimi tunnettuihin suomenruotsalaisiin pappissukuihin kuuluvia jotka Montrealin olympiakisoissa venäjänkielisiä "Saibu!, Saibu!" kannustushuutoja toistellessaan tuntuivat olevan enemmän kiinnostuneita Kalervon persoonasta kuin olympiaurheilusta. Pappissäätyläisinä he saattoivat epäillä Kalervon ymmärtäneen joitakin suomalaisuuden perusasioita väärin! Suomalaiselle, etenkin naiselle, piti tömäyttää pari sanaa Jumalan olemuksesta päin naamaa niin älyääpä jatkaa matkaansa korvat luimussa, he tiesivät opastaa.

Valituista valituimpien ministeriössä

Amerikan kesän jälkeen Kalervo olisi halunnut pariksi vuodeksi töihin Moskovaan, sen sijaan että olisi rohjennut mennä suoraan naimisiin moskovattarensa kanssa. Yllättäen ja pyytämättä hänen salaiset toiveensa kuultiin. Sosialidemokraattisen puolueen päälehti julkaisi työpaikkailmoituksen: *kauppa- ja teollisuusministeriön palvelukseen haetaan kaupallista sihteeriä perehtymään idänkaupan tehtäviin.*

Soitettuaan yhden ainoan puhelun sosialidemokraattisen ministerin poliittiselle sihteerille, Kalervo oli virkamies suomalaisen vallankäytön ytimessä autuaasti unohtaneena Pohjois-Karjalaista lähtöisen olevan ay-mies Pekka Sarkkisen varoittelut Suomen hallintoherroista, jotka eivät laisinkaan pidä siitä, että idän kaunottarien kanssa flirttaillaan.

Pekka oli ainoa puoluemies jonka hän voi sanoa koskaan tunteneensa ystävyyden ollessa peräisin pikemmin Savo-Karjalan maisemista, tuoksuista ja ihmisistä kuin poliittisista aatteista, joiden mielestä suomalaiset äänestäjät suosivat liian kauniita ehdokkaita, vaikka isänmaan asiat vaatisivat hoitajiltaan aivan muita kykyjä kuin ulkoista kauneutta.

Ensimmäisten viikkojen virkatyönä Kalervo jakoi eduskuntaan pyrkimässä olleen poliittisen sihteerin vaaliesitteitä Vantaan lähiöissä. Parin kuukauden työkemuksella ja uunituore käyntikortti taskussaan –

19

Kaupallinen sihteeri - kolmella kielellä korukirjaimin painettuna Kalervo otettiin isännöimään ministeriön irakilaisia vieraita Porvoon tuomiokirkolle keskellä keväistä sunnuntaipäivää.

*

Valtioneuvoston linnan ja Kauppatorin välillä sijainneen ministeriön viistokattoisessa työhuoneessa, joka löytyi katutason pimeän käytävän perältä rappukäytävän alta, ja jossa mahtui seisomaan selkä suorana vain Katariinankadun puoleisen ikkunan äärellä, maalaispojalla oli pää pyörällä yläkerran työtovereistaan: kansliapäällikkö Bror Wahlroos työhuone puolillaan merenkulun pioneerilaivojen pienoismalleja, henkilöstön pääjärjestelijä Christian Andersson joka siirtyi pian Wärtsilän johtajaksi, juristi Matti Vuoria valmistautumassa kansliapäällikön Björn-pojan mukana nousemaan talouselämän huipulle työeläkeyhtiö Varman kautta sekä ulkoministeriöstä lainaan saatu UKK:n hengenheimolainen Matti Liukkonen ponnistamassa OKO:n toimitusjohtajaksi.

20

Elettiin ihan pimeää NL:n aikaa. Suomen valtion johto varoi visusti ottamasta kantaa Itä-Euroopan maissa velloviin itsenäistymispyrkimyksiin. Vaistomaisesti ymmärrettiin, että kaikki ei ollut kohdallaan, ja koska "jotain tarttis tehrä", saatettiin puuttua yksittäisten ihmisten herkimpiin yksityisasioihin ja parinmuodostukseen, mikä itse asiassa olikin heille normaalia käytäntöä osana suomalaista sopimusyhteiskuntaa. Järjestetyn luottamuksen voi menettää vain kerran, kuuli Kalervo myöhemmin sanottavan.

Pohjoismainen linja on ennen muuta älyllisesti perusteltu valmius ja taipumus edistää isänmaan etua ainoalla oikealla tavalla. Siihen liittyy emotionaalinen puoli, joka lähinnä tarkoittaa moraalista tyydytystä ja ylemmyyttä sen johdosta, että on kyetty nousemaan juoksuhautoihin jääneiden eilispäivän miesten tasoa ylemmäs ja ymmärretään realiteetit. Siitä ja vain siitä kaikki viisaus alkoi ja saattoi alkaa. Asia on niin triviaali, ettei sen kieltäjiä voi kuin halveksia, ehkä joskus voidaan ymmärtävästi sääliä.

Pohjoismaisuus ei kuitenkaan ole varsinainen uskonnollinen liike. Ehkä sitä saattaa jonkinlaisena kansalaisuskontona pitää ja sen oikeuden ja välttämättömyyden tunnustaminen oli tietenkin politiikan piirissä eräänlainen Test Act, jonka suorittajat ainoastaan ovat kelvollisia kansakunnan palvelukseen poliittisella areenalla.

Vastoin työnhakuilmoituksen lupausta Kalervoa ei laisinkaan päästetty idänkaupan kysymysten pariin, vaan rakenneltiin uusia organisaatioita, jolloin hänet sijoitettiin länsikaupan yksikköön naisten porukkaan, joilla naimattomina henkilöinä saattoi olla ajatuksia kansainvälisen hurmurin suhteen, mutta Kalervo koki yksipuolisen tilanteen hyvin kiusalliseksi. Vastineeksi hän pistäytyi Leningradissa katsomassa tauluja Eremitaasin taidemuseossa moskovattarensa opastuksella - pitihän suomalaisella reservinupseerilla oma Venäjän opas olla.

Romantiikan Roomassa

Kaikenlaiseen hyysäämiseen kyllästyneenä Kalervo alkoi lopulta hakeutua ministeriöstä minne hyvänsä, vaikkapa YK:n palvelukseen Geneveen, jossa oli käynyt kerran pari ulkoministeriön työmatkalla, samoin kuin kahden viikon opintomatkalla Saddam Husseinin hallitsemassa Irakin Bagdadissa.

Sanaakaan ei ministeriössä oltu suostuttu puhumaan Moskovan suurlähetystöön lähdöstä, vaan korvaan supattaen oli opastettu katsomaan Lucia-neitoa menestyvän suomalaisen ihanteena, eikä Suomessa pitänyt epäillä ruotsinkielen asemaa, sillä siitä ei hyvää seuraa, lisättiin sormea heristellen, eikä yksikään joka siihen uskoo, huku.

Se joukko, joka pitää itseään "moraalisena enemmistönä" –ilmaus tarkoittaa, että se on vähemmistö, mutta että sen mielipide on oikeutetumpi kuin enemmistön- on jälleen asettunut vastustajiensa yläpuolelle ja argumentoi julistamalla näkemystensä merkitsevän tosiasioiden tunnustamista ja sen mukaisesti ainoaa oikeaa ja rationaalista lähtökohtaa viisaudelle myös käytännön politiikassa.

Kesken hakupapereiden täytön ulkoministeriön tiskin alta tarjottiin yhden vuoden työkeikkaa Roomaan, eikä Kalervon tarvinnut sitä kauan pähkäillä, vaan katsottuaan kartasta missä päin Rooma sijaitsi, päätti lähteä saatuaan ensin Moskovan tytöltä luvan. *Jos lähdet, ei paluuta ole,* sanottiin ministeriössä. Kannustus innosti lähtemään. Ensin piti käydä ostamassa verovapaa Peugeot 305 jollaisen sai yhden vuoden työsopimuksella tuoda verottomana maahan, eikä suinkaan Mersua tai Bemaria, kuten rauhanturvaajilla oli tapana.

Neljä vuotta meni hurahtaen ministeriössä, mutta nuoren miehen tie veikin Moskovan sijasta Roomaan, vaikka mitään sellaista hän ei ollut koskaan voinut kuvitellakaan!

Ulkonäöltä tuttu demarinuori Eero Heinäluoma otti lähtijään yhteyttä, koska oli

24

"aivan tavattoman harvinaista, että demari pääsee kansainväliseen tehtävään", mutta vastoin aikomustaan Heinäluoma ei tullut Roomaan ihmettä katsomaan; sen sijaan merenkulkijoiden heimoon syntynyt 'Hjördis' tulla tupsahti ministeriöstä ystävättärensä kanssa romantiikan pääkaupunkiin tarkastamaan minkälainen makuuhuone Kalervolle oli saatu hankittua.

Muuan Roomassa useita vuosia asunut toimistosihteeri, Gertrud Andersson nimeltään, tuon pienen YK:n viraston ainoa suomalainen työntekijä, oli hyvissä ajoin järjestänyt taiteilijatuttavansa avustuksella Kalervolle jättivuoteen kokoisen miniasunnon elämää kuhisevan Trasteveren kattojen tasolta, tosin epäillen asuintilan riittävyyttä Kalervon sukulaisnaisten muuttaessa (!) pian Roomaan. Se kuulosti perin oudolta, sillä muuan opiskelukaveri Kauppakorkealla oli tuskaillut kaksionsa Helsingissä käyneen ahtaaksi puolalaisen nuorikkonsa suvun naisille.

*

25

Trastevere on asuinalue Roomassa. Alueen nimi juontuu latinankielisistä sanoista "Trans Tiberim": Tiber joen toisella puolella. Trastevere on yksi Rooman yöelämän keskipisteistä; siellä on paljon pubeja, ravintoloita, clubeja.

Kuva Trasteveren kujilta

*

Ennen kuin makuuhuonetta tarkastamaan tulleet ministeriön naiset lähtivät tiehensä, he veivät Kalervon tapaamaan Suomen kulttuurikeskus Villa Lantessa työvierailulla ollutta Helsingin Yliopiston professori Juha Pentikäistä. Sen tutustumisen tarkoitus selvisi vasta vuosikymmeniä myöhemmin.

*

Vaikka olisi pikemmin voinut kuvitella löytävänsä itsensä Tansanian pienviljelijöiden luota kuin sikarin ja shamppanjan tuoksuisesta diplomatian maailmasta, savolaisen pienviljelijän poika oli Roomassa auttamassa kehitysmaiden pienviljelijöitä YK:n erityisjärjestön palveluksessa.

27

IFAD:n toimisto

YK:n Kansainvälisen maaseudun kehitysrahaston (IFAD) toimisto sijaitsee Rooman eteläpuolella Benito Mussolinin aikana suunnitellussa liikekeskustassa (EUR). Alue valittiin alunperin 1930-luvulla vuoden 1942 maailmannäyttelyn pitopaikaksi juhlistamaan 20:tä fasismin vallassaolon vuotta, kirjaimet EUR ovat lyhenne sanoille Esposizione Universale Roma.

Palazzo della Civiltà Italiana EUR:issa

*

Useamman ministeriön asiamiehiä
saapui Helsingistä heristelemään sormea - *ole*

nyt täällä kun olet kerran tänne sattunut joutumaan- sekä tuntemattomia ystäviä ruotsinkielisestä rahamaailmasta hätistelemään Kalervoa työpaikaltaan ikään kuin tämä olisi tunkeutunut heidän perintömailleen. Valtion omistaman Postipankin ulkomaantoimintojen johtaja Ulf Burmeister kävi turhaan paikanpäällä kolkuttelemassa Rooman työpaikan portteja joutuen kotimaassa seuraamaan kiihkeään muutokseen ajatuneen Postipankin nimivalikoiman vilinää: Leonia, Mandatum ja lopulta Sampo.

Italialainen kirjailija Italo Calvino kuvailee kirjassaan Näkymättömät kaupungit Leonia- nimistä kaupunkia, jonka kulutushullut asukkaat ostavat ahneuksissaan kaupoista kaiken niihin tulevan uuden tavaran kasaten vanhat tavarat kaupungin viereiselle kaatopaikalle joka lopulta kasvaa niin korkeaksi että romahtaa kaupunkilaisten päälle.

-Mitä mieltä te asiantuntijat olette täällä ikuisessa kaupungissa arabimaiden öljyntuottajajärjestö OPEC:n akuutista tilanteesta?

uteli Ylen toimittaja Risto Nurmi työntäen mikrofonin Kalervon suun eteen. Haastattelu, kuten Kalervo sai myöhemmin kuulla, esitettiin Suomessa Yle:n valtakunnan verkossa keskipäivän uutisten yhteydessä.

Mediaväki monikymmenpäisenä joukkona oli lehahtanut tutustumaan ikuiseen kaupunkiin ja sen ihmeeseen, Suomen valtion poikaan. Osanneeko edes pitää ulkomaan sanomalehteä kädessään oikein päin, epäiltiin.

Niin ihmeelliseltä kuin tuntuikin, varttuneempi hollantilainen työkaveri YK:n virastossa tuntui parhaiten ymmärtävän Kalervon tilanteen arvellen suomalaisen eliitin jujuttavan häntä.

Sitä paitsi ihan pieni mahdollisuus oli olemassa, että pikemmin moskovatar kuin ministeriön naiset, oli ystäviensä avustuksella järjestellyt Roomaan lähtöä. Larisa oli ehtinyt käydä vastavierailulla Helsingissä vastaavanlaisena yo-delegaattina kuin Kalervo oli puolenkymmentä vuotta aikaisemmin ollut Moskovassa. Ikävä juttu joka tapauksessa, koska joitakin tyttöjä ei niin vaan jätetä.

Ennen Roomaan lähtöä ulkoministeriössä oli varoiteltu palaamasta Suomeen, koska yrityskin Pariisin tai Rooman kaltaisesta paikasta on aina johtanut katastrofiin. Jollakin selittämättömällä tavalla suomenkielikin on alkanut heistä tuntua vastenmieliseltä, suomenkielen käyttö ja kuuleminen ikään kuin nostaisi inhon tunteita pintaan.

Kalervo ei kuitenkaan halunnut elää vierailla mailla herrojen kakaroiden leikkikaluna, vaan varoitteluista piittaamatta palasi kahden vuoden jälkeen kotimaahan tietämättä mitä tulevaisuus toisi tullessaan. Hän oli ottanut ison riskin astumalla elämän portaita aimo askeleen taaksepäin otettuaan lopputilin ministeriön virasta. Hänestä oli tullut kansainvälinen vaikuttaja, niin hän luuli, koska oli päässyt käymään Tansaniassa saakka kansainvälisen konferenssin seuraajana.

"Kommunistisen Itä-Euroopan kansoilla on jonkinlaista toivoa omaperäisen ajattelun kehittymisestä, mutta suomenkielisillä ei, heidän ajattelunsa toimii ikään kuin ratas pään koneistossa olisi alun perin lähtenyt pyörimään väärin päin",

totesi varttuneempi hollantilainen työkaveri kotiin lähtevälle, lisäten että

"vaikka olet ollut täällä näkemässä valoa, muista aina varoa sosialidemokraatteja äläkä yritä puuttua suomalaisten asioihin koska siinä palaa helposti sormet pienen eliitin hallitessa suurta enemmistöä omalla kielellään jossa tuskin on lainkaan yhteisiä sanoja rakenteeltaan aivan erilaisen enemmistön kielen kanssa."

Kotiin ehdittyään hän kysyi lupaa tulla käymään Moskovassa, mutta ovi lyötiin kiinni. Oma Armi Kuusela oli menetetty.

Tietokoneita
kauppaamassa

Tyhjän päälle Roomasta palannut Kalervo pääsi vuoden päivät joutilaana huuhailtuaan muinaisen ministeriötuttavan suhteilla äitiysloman sijaiseksi Teknisten liittoon, rantaruotsalaisten kommuuniajattelua, Torsten maksettiin koko vuodelta korvausta huolehti ettei tontin rantavesillä ongita ilman lupia, mutta koska talvikuukausina ongintaa vähemmän pidetiin sallittuna että rantavahti vietti osan talvesta Bermudan saarilla osa korvausta suhdetoiminnasta koska paikalliset lehdet olivat nostaneeet kauhean metelin

sisäsuomalaisten   rakentaesssa
rantapaikkaansa toisten kultttuurimaille.

Ay-liikkeestä hän sai puolisen vuoden jälkeen kutsun tulla Posti ja Telelaitokseen, eikä sielläkään ehtinyt yhtä vuotta kauempaa vanheta, kunnes hänet löydettiin vuonna 1987 myymään tietokoneita maailmanvalloitustaan käynnistävän Nokian palvelukseen – saatiinpa hänet ainakin vedettyä pois poliittisista harrastuksista joiden parissa olisi voinut kenties ryhtyä muuttamaan joskus menneessä ajassa, täysin erilaisissa olosuhteissa syntyneitä sääntöjä ja asenteita.

Nokian johtotähdeksi noihin aikoihin valitun Jorma Ollilan johdolla yhtiöstä muodostui suomenkielisten maalaispoikien ylpeyden aihe. Ollilan jälkeen yhtiön keulakuvaksi nousi taloustoimittajien tilapäishäiriöksi leimaama Olli-Pekka Kallasvuo, jonka tilalle toimittajat ryhtyivät odottamaan kestomessiaaksi Magnus Savanderia, talousnobelin saajaksi veikatun optioajattelun rapakon takaa Suomeen tuoneen Nokian hallituksen jäsenen Bengt Holmströmin veroista näkijää.

Nokiaa seuranneiden parissa oli jo pitemmän aikaa ounasteltu milloin "perheiden pojat" alkavat tosissaan kiinnostua yhtiön meheviksi paisuneista optioista. Lopulta Esko Aho, Anderssonin kulttuurisuvun edustaja Robert ja presidentin poika Marko pääsivät Nokian ylimpään johtoon melkein kuin odottelemaan, elleivät suorastaan pohjustamaan, yhtiön romahdusta. Marko Ahtisaari on sittemmin hiihdellyt Esko Ahon peräänsä jättämiä edellistalven latuja Harvardin yliopistoon.

*

Tietokoneiden myynnille tuli Kalervon osalta loppu vuonna 1991. Perusteeksi ilmoitettiin teknistaloudelliset syyt.

36

Tukkien alkuperää selvittämässä

Muutamat sos.dem. nuorisoaktiivit olivat alkaneet 1970- luvulla rakentaa retkeilymajaa Ruotsin vastaisen rajan rantapusikkoon Muoniossa. Rakennuspuut oli saatu pyytämättä Kittilästä puretusta tukkilaiskämpästä. Nykytiedon nojalla ei pidettäisi suurenakaan ihmeenä jos paljastuisi, että asevelinatsit olivat Suomen valtion ja metsäyhtiöiden kanssa kimpassa rakentaneet sellaisia hirsimajoja pohjoiseen ounastellessaan tulevan sodan tarpeita.

37

Muonion puoluemiesten ihmetellessä etelännuorten riehuntaa itikoiden seassa SAK:n nuorisosihteeri Lauri Ihalainen pistäytyi kansanedustaja Johannes Koskisen kanssa naureskelemassa Kalervon kansainväliselle naissuhteelle. SAK:n johtaja Niilo Hämäläisen, joka oli sotinut rivimiehenä Päiviö Hetemäen joukko-osastossa Karjalan kannaksella, sanottiin poimineen Ihalaisen yhteisiltä synnyinseuduiltaan Keski-Suomesta kasvamaan Helsingissä korkoa. Sotien jälkeisen Suomen työnantajapomon Hetemäen poika Martti tunnetaan nykyisin valtiovarainministeriön pyörittäjänä.

Ministeriön miehet luovat katseen kohti Eugen Schaumanin muistolaattaa porraskäytävän seinällä ja sanovat Saksan entistä liittokansleri Helmut Schmidtiä mukaellen ministeri Jutalle, että jos et tyttö tiedä mitä pitää tehdä, kuuntele sydämen ääntä.

Majaa pystyttäessään nuoret tiesivät Erkki Tuomiojan olevan niin viisas, ettei tavallisen ihmisen tarvinnut ymmärtää hänen puheitaan. Tuomioja onkin tuottanut enemmän luettavaa tekstiä kuin SDP:n puolue-elinten kaikki muut jäsenet yhteensä puolueen kannatuksen sukeltaessa mutiin.

*

Nokialta lopputilin saatuaan vuonna 1991 Kalervo oli lunastanut työkoneena käyttämänsä MikroMikon omakseen.

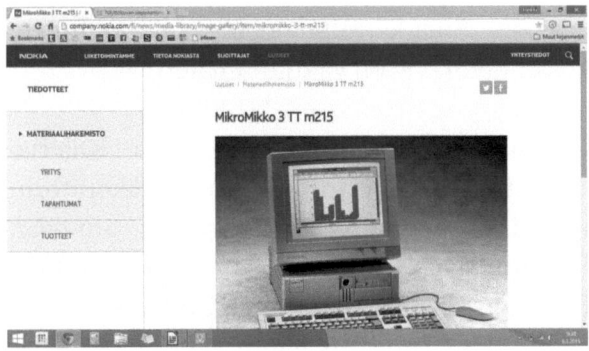

Tietokone repussa hän suuntasi Muonion majalle linja-autolla Rovaniemen kautta, piilottaen kantamuksensa Kilpisjärven tien risteykseen vaivaiskoivujen alle noutaakseen sen myöhemmin majan pakettiautolla, mutta sillä välin tietokone oli hävinnyt salapaikastaan Lapin laajassa erämaassa. Tietokoneen kovalevyn oletettiin nimensä mukaisesti sisältävän arvokasta tietoa, eikä hän sitä paitsi todellakaan ollut puolueväen majalla yksin.

Työväen vakuutusyhtiön korvausrahoilla Kalervo osti kadonneen tietokoneen tilalle uuden Olivetti merkkisen kannettavan läppärin, joka sekin melko pian varastettiin Kasarmintorin taksimiesten yökahvilan pöydästä Kalervon ollessa vessassa. Sillä kerralla menetys oli lopullinen, koska tietokone oli vakuuttamaton.

*

Kerran kauniilla kesäkeleillä Kalervo lähetettiin viemään SAK:n pääkonttorin kellarista otettua Ruotsin armeijan lahjoittamaa soppatykkiä pakettiautolla Helsingistä viitostietä pitkin Muonioon.

Tykinsiirron aikataulu läpi Itä-Suomen oli tehty sen verran väljäksi, että tuhlaajapojan paluu olisi hyvin voitu nähdä sukulaisten pihoissa, mutta Kalervo tyytyi näyttäytymään komistuksen kanssa vain synnyinkylällään Rutakolla.

*

Tasavallan presidentiksi pyrkimässä ollut Viipurin sotilasmestarin poika Martti Ahtisaari ulotti vuonna 1994 presidenttikampanjansa samaiselle Lapin majalle, joskaan Kalervo ei ollut häntä paikan päällä vastaanottamassa, vaikka miltei tuttavia olivatkin juteltuaan kerran kahden kesken muinaisen Suomen Sokeritehtaan tiloissa Mannerheimintien varrella ulkoministeriön valtiosihteerin tarjoaman kahvikupposen äärellä Nokialta työttömäksi joutuneen Kalervon työtilanteesta, nobelin palkinnosta kumpikin hajamielisesti haaveillen; Kalervo enemmän kirjallisuuden kuin rauhan noopelista.

Apurahaa anomassa

Syksyllä 1991 Ilta-Sanomat oli lupaa pyytämättä julkaissut yleisönosastossa Kalervon päätoimittaja Hannu Lehtilälle juttuvinkiksi lähettämän kysymyksen

"Käyttävätkö Etelä-Afrikan buurit Suomen perustuslain vähemmistösuojaa esikuvanaan säilyttääkseen asemansa?"

lehtien uutisoitua Etelä-Afrikan valtuuskunnan käyneen tutustumassa Suomen perustuslain vähemmistösäännöksiin.

Arvellen kysymyksen niitä kiinnostavan, jotka yliopistojen pehmustetuissa paikoissa työskentelevät, Kalervo kirjoitti Helsingin Yliopiston lehteen pienen jutun sotien jälkeisen Italian poliittisesta kehityksestä sillä seurauksella, että lehden päätoimittaja Pekka Matilainen ja toimittaja Risto Jylhä saivat näyttävästi potkut pilkattuaan aivan eri yhteydessä pohjalaisen Jorma Ollilan "kapeita hartioita". Samoihin aikoihin Suomen sosialidemokraattinen puolue lopetti "Sosialistinen aikakauslehti"- nimisen aatepoliittisen lehtensä, jossa päätoimittaja Matti Linnanahde oli julkaissut saman artikkelin läntisen ajattelun viimeaikaisesta kehityksestä kuin Yliopisto-lehtikin.

Syksyllä 1996 Kalervo lähetti avoimen apuraha-anomuksen kulttuuriministeri Claes Anderssonille:

Tutkitaanko suomalaisissa yliopistoissa eliittejä, kun kerran tutkitaan populismia, sen vastakohtaa? Italiassa on ainakin tutkittu ja paljon.

43

Läntisen sivilisaation historia on ketju, joka koostuu renkaista, jotka ovat syntyneet vapautusliikkeiden taistelujen tuloksista, kirjoitti fasismin vastaisessa taistelussa karaistunut Antonio Gramsci (1891-1937). Kukin emansipaatio on hyötynyt aikaisempien kokemuksista. Kamppailu on aina kohdistunut eliittien — ne poikkeuksetta kutsuvat itseään vähemmistöiksi— harvainvaltaa ja etuoikeuksia vastaan.

Eliitit eroavat vähemmistöistä mm. siinä, että ne ovat varmoja oikeutuksestaan ja puhuvat spontaanisti kaikkien puolesta koska Jumala on käskenyt heitä hoitamaan hallintotehtäviä sivistyksen eduksi. Tosipaikan tullen Jumala kuitenkin yllättävän helposti hylätään, kun taas kaikkein vastahakoisimmin luovutaan maallisista etuoikeuksista; onhan mukava tietää saaneensa huomenlahjana kultareunan elämäänsä. Erityisasemiaan puolustaessaan eliitit pelkäävät, että heitä alettaisiin kohdella samalla tavalla kuin he ovat itse aina kohdelleet muita.

EU:n hallinnon uudistamista tutkinut Martyn Oliver pitää filosofian historian kirjassaan Gramscia eräänä 1900-luvun huomattavimmista yhteiskuntafilosofeista, koska hän on yksi niistä, joiden ajatukset ovat varsin pitkälti EU:n myötä toteutuneet.

Kiteytettynä filosofia ei ole enää korkeasti koulutettujen salatiedettä, vaan itse asiassa kuka hyvänsä voi kehittyä filosofiksi.

Kunnioittavasti
Kalervo

Hän lähetti saman tien kopion anomuksesta pääministeri Paavo Lipposelle ja Helsingin Sanomien päätoimittaja Janne Virkkuselle, sekä suomenkielisten asiamieheksi olettamalleen Aatos Erkolle, joka yllättäen vastasi henkilökohtaisella kirjeellä luvaten seurata kirjallisuuden nobelhankkeen edistymistä.

HS julkaistua 1990-luvun puolivälin tienoilla pari Kalervon mielipidekirjoitusta Janne Virkkunen tyytyi murahtamaan kolumnissaan, ettei Suomi ole sellainen maa, jossa täysin uusia asioita tuodaan julkiseen keskusteluun lehdistön palstoilla, vaan niiden valmistelua varten on olemassa monenlaisia puolueorganisaatioita.

Albert Camus'n yhdeksi esikuvakseen maininnut Kalervo haaveili puolileikillisesti

45

tavoittelevansa kirjallisuuden nobelpalkintoa. Samasta maineteosta haaveillut Tommi Melender karsi äkkiä suosikkiensa joukosta Camus'n julistautuen Antiaikalaiseksi jota Länsiväylä-lehdessä sitten kehuttiin maan johtavaksi kirjallisuusbloggaajaksi. Claes Andersson on myöntänyt helsinkiläisen merikapteeni -isänsä voimakkaiden natsisympatioiden vaikuttaneen hänen ajatteluunsa kasvuvuosina. Harmittomia poikasia harhaanjohtajan narutettavina. Monet tunnetuimmista fasistisista pienten kiusaajista olivatkin nousseet vasemmistolaisista piireistä, tunnetuimpana kansainvälisesti tunnettu Italian sosialidemokraattisten nuorten johtaja Benito Mussolini.

1990-luvun vuosina Kalervo oli virallisesti työtön, joskaan ei toimeton, vaan hän löysi sekä uusia ystäviä että tietokoneita Työttömien tilasta Hiekkaharjussa.

Yhteistuumin käytiin Riihimäellä lasimuseossa sekä leireilemässä Sipoon Karhusaaressa, mutta koottaessa työttömiä viihdeohjelman yleisöksi Pasilan tv-studiolle,

Kalervo jättäytyi visusti kyydistä, kuten myös suunniteltaessa työttömien syysretkeä Espanjan aurinkorannikolle, joka sitten toteutui ilman Kalervon mukanaoloa.

Eräänlaisena osoituksena siitä, ettei menestymään kykenevän tarvitse olla Suomessa yksin, eikä hänelle sitä yksityisyyden etua sallitakaan, Kalervo aputyöllistettiin puoleksi vuodeksi Vantaan taiteilijoiden yhdistyksen apulaiseksi kaupungin nuorisotoimistoon teini-ikäisen Antti Lindtmanin silmien alle kehittelemään paikallisten taiteilijoiden suhdeverkostoa kaupunginjohtaja Pirjo Ala-Kapeen suuntaan kaupungin nuorisojohtaja Lindtman-seniorin haastatellessa lehti-ilmoituksella virkahuoneeseensa houkuteltuja nuoria tutustumisretkelle Saksaan;
myös ministeri Antti Kalliomäki kävi Hiekkaharjussa sosialidemokraattien illan istujaisessa katsomassa Kalervon vointia ministeri Astrid Thorsin jaettua EU:n järjestämää Manna Apu -leipää Espoon keskuksessa, vaikka jokin ihmeen vaisto

47

silläkin kerralla suojeli Kalervoa menemästä leipäjonon päähän.

Useampi vuosi kulttuuriministerille lähetetyn apurahahakemuksen jälkeen Helsingin Sanomat uutisoi 13.11.2013:

Pitkiä reportaaseja ja tutkivia juttuja digitaalisesti julkaiseva Long Play on voittanut Helsingin Sanomain Säätiön Uutisraivaajakilpailun 250 000 euron palkinnon.

Tuomariston mukaan Long Play käy pitkillä kirjoituksillaan rohkeasti alan yleistä, nopeutta suosivaa kehitystä vastaan. Perusteluissa voittajaa kiitettiin myös uusista teknisistä ratkaisuista.

"Ennen Long Playta ei ole ollut olemassa julkaisua, josta voi ostaa vain yhden jutun, esimerkiksi tekstarilla", totesi Helsingin Sanomain Säätiön yliasiamies ja tuomariston jäsen Heleena Savela.

Uskonnollinen kokemus

Ansiona siitä, että oli jossakin nettikeskustelussa viitannut toisinajattelija Vaclav Havelin kokemuksiin teatterin lavastemiehenä kommunistisessa Tsekkoslovakiassa, Kalervo löysi itsensä vasara ja rikkalapio kädessään vuonna 2001 Suomen Kansallisteatterilta.

Joka miekkaan tarttuu, se miekkaan hukkuu.

Niin tultiin vuoteen 2003. Teatterilla ei töitä kuitenkaan riittänyt jokaiselle päivälle edes näyteltäväksi, mutta koska hänessä oli havaittu taipumusta ajattelemiseen, hänet ohjattiin remonttiyhtiön toisille työmaille repimään puulattioita auki kaikkien Muumimammojen mamma Tove Janssonin perikunnan lukaaliin Kaartin kaupungissa sekä moukaroimaan kylpyhuoneiden kalusteita säpäleiksi Pohjois-Hesperiankadun ja Töölönkadun kulmataloon jonka asukkaisiin kuuluivat muiden muassa presidentti Martti Ahtisaari Eeva-rouvansa kanssa – sekä Ahtisaaren yläpuoliseen huoneistoon remontin jälkeen muuttanut presidentintekijänä tunnettu Lasse Lehtinen joka tuli "putket puhtaina" kiinteistöön kuin valmiiseen pöytään.

Itse presidentti oli päässyt meluisan putkiremontin alta evakkoon Helsingin seurakuntayhtymän järjestämään sijaisasuntoon, mutta Eeva-rouvaa omassa keittiössä meneillään oleva remontti kiinnosti sen verran, että hän pistäytyi tarkastelemassa töiden edistymistä paikan päällä, jolloin Kalervo sai kerran puristaa presidentin rouvan kättä. Sen sijaan itse presidentin käydessä yhden ainoan kerran vuoden kestäneellä työmaalla Kalervo onnistui livahtamaan ylempiin kerroksiin - ehkä peläten salaisten unelmiensa suomenkielisen kirjallisuuden noopelista paljastuvan kilpailijalle liian aikaisin.

Talon seniori-ikäiset asukkaat valittelivat valtion isopalkkaiselle herralle järjestettävän suoja-asuntoja vähävaraisten eläkeläisten joutuessa kärsimään pölyn keskellä. Muutamat tädit tarjosivat valokuvauksisille remonttimiehille kahvia ja kakkua.

Valtakunnan politiikka kuohui sinä keväänä Anneli Jäätteenmäen tapauksen ympärillä. Kalervo oli edellisen syksyn lopulla lähettänyt Jäätteenmäelle huolella valmistelemansa muistion fasismin olemuksesta ja sen muuttumisesta Euroopan integraation perustana muistaen kauan jälkeenpäin hermostuneen olotilansa kopioidessaan muistioita Ison Omenan kirjastossa.

Jäätteenmäen reaktiosta päätellen hän oli nähnyt Kalervon kuvan Demari-lehden etusivulla keväällä -72 erehtyen luulemaan saamaansa kirjettä salaperäisen "myyrän" vuodoksi jonkinlaisten toisinajattelevien sdp:n sisäpiireiltä.

Mutta mistään sellaisesta ei ollut kysymys, vaan kirje oli tullut Jäätteenmäelle yhdeltä omien Italian kokemustensa pohjalta ajattelemaan ryhtyneeltä kansalaiselta.

Sosialidemokraattisen eduskuntaryhmän puheenjohtaja Jouni Backman vei kuohunnan keskellä "teloituslapun" Mauno Koiviston kuvaa rintataskussaan kantaneelle keskustan ryhmänjohtaja Timo Kallille porvoolaisen Klaus Hellbergin heittäessä ensimmäisenä kiven huutaen "valehtelija, valehtelija, valehtelija!" jolloin kiihko valtasi kansanedustajat, peukalot käännettiin alas kuten aikanaan Rooman Colosseumilla ja niin Jäätteenmäen kohtalo oli sinetöity.

Kulunut sanonta "Kepu pettää aina" pitää kutinsa yleisemmin muodossa

53

"suomalainen pettää aina toisensa" paitsi rakkauden kansanpuolueen kohdalla, sillä heillä kaveria ei jätetä, eli kuten he sanovat omalla kielellään "en gång kamrat, alltid kamrat", "kerran kaveri, aina kaveri".

Jotakin uutta projektia pitäisi alkaa käynnistelemään. Oliko hänen parastaan taas kerran siellä jossakin ylhäällä ajateltu, hän tuumaili Posti-Telen entisenä palvelijana yhtiön uutta "Itella" nimeä makustellessaan, odotettiinko tuhlaajapojan palaavan kotiin Italian haaveistaan?

Vuoden 2008 loppuun saakka Kalervo oli töissä rakennuksilla, mutta ounastellen töiden vähittäistä loppumista, liittyi jäseneksi rakennustyöväen liittoon turvatakseen ansiosidonnaisella päivärahalla jokapäiväisen veden ja leivän saannin, sillä seurauksella, että työntekijäjärjestöjen ja työnantajien yhteinen lähetystö kävi kukkakimppu kädessä pyytämässä rakennusliiton varapuheenjohtaja Kyösti Suokkaan ehdolle europarlamentin vaaleihin.

Helsingin Sanomat uutisoi 7. 10.2009:

Rakennusliiton toinen puheenjohtaja, Vasemmistoliiton Kyösti Suokas sai eurovaaleissa 2009 jättimäisen 100,000 euron ay-tuen. Rahan lähteiksi kerrotaan mm. Rakennusliitto ry, Rakentajien vasemmistoyhdistys ry, Rakennusliiton osastot, Punajuuri ry, sekä muut yhdistykset.

*

Luultuaan kuulevansa historian havinaa Kalervo oli lähtenyt Espoosta varta vasten Helsingin keskustaan kuulemaan mitä Erkki Tuomiojan kirjasta "Häivähdys punaista" sanotaan kustantaja Tammen järjestämässä tilaisuudessa.

Kävi ilmi, että vaikka sen enempää tilaisuuden juontaja Jukka Relander kuin seniori-ikäinen yleisökään ei ollut ehtinyt lukea kirjaa, heitä kiinnosti miten ihmeessä kiireisellä poliitikolla oli riittänyt aikaa penkoa englantilaisia arkistoja saadakseen kokoon pieniä yksityiskohtia vilisevän teoksen osoittamaan Hella Wuolijoen, kirjoittajan mummon, rikastuneen viemällä puutavaraa kommunistisesta Neuvostoliitosta nimenomaan vihamieliseen Englantiin eikä suinkaan suomalaisille niin läheisen aseveli Saksan tarpeisiin kenties Lapin majoitustupien työmaille. Sitäkö varten kirja julkaistiin alun perin englannin kielellä?

Erkki Tuomioja on hyvä yksissä, paha toisissa. Nimenomaan hyvää pataa yhden puolueen ex-sihteeri Peter Stenlundin kanssa, pahempaa omille puoluetovereilleen joista Ulpu Iivari ei tiettävästi ole ollut valtiosihteeri yhtään missään, joskin poikansa toki hyvässä EU:n virassa. Mikäpä sen inhimillisempää kuin nähdä kärsineen, paljosta omassa elämässään tinkimään joutuneen äidin oman lapsen pelastuvan jo täällä maan päällä.

Kunnon demarina Tuomioja on köyhien asialla, tarkemmin sanoen älyllisesti köyhien asialla. Heidän mielestä suomalainen kristikansa ei voi tavoitella pysyvää maailmanrauhaa, sillä vaikka sellainen joskus saavutettaisiinkin, täytyisi Dragsvikia niissäkin olosuhteissa puolustaa tavallisia tossunkuluttajia vastaan.

Tässä ei viitsitä täsmentää erästä hra K:ta, joka on toiminut Roomassa saakka YK:n toimessa ja joka matkusti Espoosta asti Vuosaareen vaalitilaisuuteen vartavasten tapaamaan Erkki Tuomiojaa, HS:n expäätoimittajaukin, Yle:n pääjohtajamummon ja Suomen Pankin pääjohtaja-pääministerin poikaa kokeakseen jäätävän vastaanoton, todellisen luokkaeron tunnelman. Voisi kuvitella Kalevi Sorsan kokemukset, hänkin lähtökohdiltaan ihan tavallinen.

Italiassa sanotaan puoluetoimitsijana työuran luoneen ex-kommunisti Massimo d'Aleman myötä tapahtuneen suuren kulttuurimuutoksen hänen päästyä ensimmäisenä taviksena pääministeriksi virka-aatelin päiväunia häiritsemään.

Siltä vähältä mitä Kalervo oli ollut sd-nuorten porukoissa 70-luvulla, Tuomiojasta kyllä varoiteltiin. Että ei ihan tullut puskista. Nuordemareissa Matti Putkonen tunnettiin valmiudestaan työntää kätensä teollisuuspomoille demokraattisesti valittujen johtajien kainalon alta. Tänään hän toimii Timo Soinin loistavana assistenttina. Putkosen

57

tavoin ay-liikkeen kautta ylös politiikkaan noussut Eero Heinäluoma aloittaa seisomisensa Hakaniemen torilla kiittelemällä sotaveteraaneja omasta olemassaolostaan

*

Etsiessään yhä poliittista kotia Kalervo meni puoluesihteeri Jarmo Korhosen ja keskustapuolueen espoolaisen väen mukana Tallinnan risteilylle lokakuussa 2009 puoluehallituksen asetettua Urho Kekkosen perintöhengessä Olli Rehnin ehdolle EU:n Korkean Ulkopoliittisen Edustajan virkaan.

Puolueväen odotellessa kärsimättöminä pääministeri Matti Vanhasta paikalle, hän lopulta saapui Brysselistä laivalle mukanaan suru-uutinen ettei mannermaalla pidetty ja arvostettu Olli Rehn olekaan vahvoilla himoittuun tehtävään, mutta kamppailu hyvien virkojen puolesta jatkuu. Kun Rehn sitten valittiin aivan toiseen virkaan talouskomissaariksi, Helsingin Sanomat tiesi kehaista niiden, jotka asioiden taustoja Suomessa ymmärtävät, saavuttaneen torjuntavoiton.

58

Autuaita ovat puupäät, sillä he eivät huku, edes risteilylaivalla.

Samoihin aikoihin Kalervo kävi keskustalaisten vaaliteltalla Tapiolassa turisemassa EU-parlamenttivaalien alla sekä Paavo Väyrysen että hänen suosikkinsa Riikka Mannerin kanssa. Väyrysen sanottiin silloin tehneen Suomen ennätyksen kierrettyään ehdokkaansa kanssa yli 300 tilaisuudessa ympäri Itä-Suomea. Ne, jotka asioiden taustoja Suomessa ymmärtävät, tietävät metsäteollisuuden pamppujen saavuttaneen torjuntavoiton Riikan siirryttyä politiikasta metsäteollisuuden etujärjestön palvelukseen.

*

Kalervon kirjan julkaisu huhtikuussa 2010 päätti sdp:n presidenttiehdokkaan monivuotisen etsinnän jota Mikael Jungner oli toteuttanut koirien ja kissojen kanssa Isä-Mitron ja Piispa-Ilkan avustamana.

Kirjan julkaisun aiheuttama hämmästys yhden savolaisen uskaltaessa paljastaa tunteitaan omalla kielellään sai työväen puolueen Paavon ilmoittautumaan hädissään tasavallan presidenttiehdokkaaksi, vähän siihen tapaan kuin suomalaisia sanotaan johdettavan edestä päin titteleillä kuten aaseja ohjataan porkkanoilla.

Se on oleva Paavo! Minusta tehdään presidentti, ilmoitti Paavo Lipponen Ostrobotnialla, joka oli valittu kampanjanavauksen paikaksi kunnioittamaan vieressä sijaitsevia kansallisen historian merkkirakennuksia eduskuntaa ja Kansallismuseota.

Kirjassaan Kalervo oli arvellut päässeensä 16-vuotiaana kesällä 1966 moukan tuurilla juoksupojaksi valtiovarainministeriön sivuvirastoon Ostrobotnian ylimmässä kerroksessa, mutta

"Sinne kiivetäkseen hän oli tosin joutunut polkemaan hintoja, koska ei tiennyt missä pääposti tai valtioneuvoston linna sijaitsivat. Ilmeisesti hänen parastaan oli siellä jossakin vielä ylempänä ajateltu; vieressä näet sijaitsivat eduskunta ja kansallismuseo; vaihtoehtona kun nuorisotyönvälitys olisi voinut osoittaa työtä vain satamassa."

*

Omalla parvekkeella istuskellen Kalervo lähetti sähköpostina sdp:n Jutta Urpilaiselle, Eero Heinäluomalle ja Erkki Tuomiojalle 30.6.2011 tarjouksen hakea valtiovarainministeri Urpilaisen avointa valtiosihteerin virkaa jota hoitaessaan *"Yksioikoisen talousjumalan (niinistöys) ylistämisen sijaan edistäisin mieluummin kenialaisen kokin pojaksi itseään kutsuvan Barack Obaman ajatuksia jokaisen yksilön ihmisarvon ainutkertaisuudesta, kuten myös Olof Palme puhui universaaleista ihmisarvoista: ei voi olla yhdessä maassa yhdenlaisia ihmisoikeuksia ja toisessa maassa toisenlaisia."* tunnetuin seurauksin Paavo Lipposen asettuessa ehdolle vuoden 2012 tasavallan presidentin vaaliin.

Kulttuurihegemoniaa

Näkymätön käsi on ohjannut Suomen historian rikkaimman suvun pojat pelastamaan kansallisen kulttuurin kivijalkoja: Antti Herlin sai Aatos Erkon orvoksi jättämän Sanoma Oy:n, Niklas Herlin perinteikkään Uuden Suomen nimen ja Ilkka Herlin Suomenlahden rantojen suojelun joiden kauneudesta Jacob Söderman on sanonut, ettei niitä millään kunnallistoimikunnan päätöksellä ole saatu aikaan.

Kirjailijoiden kouluttajana itseään pitävä Niklas Herlin rakkaimpana harrastuksenaan oma kirjankustantamo Teos suojaamassa kieltä, koska kasakka vie kaiken mikä on heikosti kiinni.

Ikäänkuin ohimennen on Niklas Herlin heittänyt kehut virkamiehen pojasta liki omistajien rinnalle ajattelijana nousseelle Björn Wahlroosille. "Kerran sydän vasemmalla, aina sydän vasemmalla" ihastelee mediaväki "jokaisella on sydän vasemmalla, mutta järki täyttää lompakon"

Herlinin veljesten ukki Kustaa Vilkuna oli tutkijana erikoistunut historian roskatynnyreiden tonkimiseen 1700-luvun Ison vihan säikäyttämänä.

*

Joskus selviää -olettaen että selvitämme perustaen ihmisjärkeen ja siihen nojaaviin tieteisiin - myös lapsenuskoisten suomalaisten ahkera juoksuttaminen Ukrainan asioita sotkemassa, etenkin vanhalestadiolainen Pentikäisen veljeskunta Juha, Mikael ja Antti sekä kärsineen juutalaisen Ben-pojan lapsekas ilme orjantappurakruunu pään päällä Suomen Pankin valtuuston puheenjohtajana, kuten myös maailman rikkain suomalainen Poju, asekauppias Tampereelta, ja kulttuurin vientipäällikkö Tuomiojan Eki, tuo Eira-Töölö-Tuusulan kyläkosmopoliitti, jonka esivanhemmat ovat kantaneet hänen puolesta omakohtaisen riskin lähtemisestä kaukomaille omilta synnyinsijoiltaan.

Alpo Rusi, tuo kiusattu ja rääkätty, nostettiin lähettilääksi Vatikaaniin, näyttämään Timo Soinille tien niiden luo jotka nukkuivat kun juutalaisia hävitettiin - ja kun peukalot käännettiin alas Anneli Jäätteenmäen kohdalla. Palattuaan viikonlopun pikavisiiltä Vatikaanin konservatiivikardinaalien luota Soini väänsi Kanki-Kaikkosen sijoiltaan.

Perussuomalaisten varapuheenjohtaja Jussi Niiniston ihailema Paavo Susitaival suunnitteli aktivistiveljineen 1930-luvulla ampuvansa muutaman kommunistiedustajan eduskunnan parvelta käsin. Saman käsikirjoituksen pohjalta tehtiin eduskunnassa syksyllä 2013 irvokas näytelmä Timo Soinin ohjauksessa puhemies Eero Heinäluoman avustamana leppoisaksi kansanmieheksi sanotun James Hirvisaaren joutuessa pääosaan.

Kirkon henkilörekistereiden käyttö on monessa maassa siirretty poliittiseen kontrolliin sen jälkeen kun ymmärrettiin natsien käyttäneen niitä yhtä hyvin juutalaisten löytämiseksi kuin omien kaaderistojensa täydentämiseeen.

Ruotsinkielen asema jumalanruoskan ja pyövelinmiekan yhdistelmänä akateemisessa työelämässä on ja pysyy.

Savon Mafia valtasi Pörssin

Savon Sanomat uutisoi 15.10.2011:

Epävirallinen heimo- ja edunvalvontajärjestö Savon Mafia kokoontui viidennelle salaiseksi luokitellulle smokki-illalliselle perjantai-iltana Helsinkiin. Ravintola Pörssissä maan poliittisia, taloudellisia, kulttuurisia ja urheilullisia asioita käsitteli peräti 150 Savossa asuvaa tai asunutta vaikuttajaa.

*Smokki-illallisilla piällysmiesten pääpuheen piti pääministeri **Jyrki Katainen**(kok.). Toinen poliittinen raskaan sarjan puhuja oli SDP:n*

66

presidenttiehdokas **Paavo Lipponen**. *Perinteisen Toisheimolaisten tervehdyksen toi hämäläistaustainen EVAn johtaja* **Matti Apunen**.

Lasse Lehtisen *isännöimillä Savon Mafian smokki-illallisilla oli toisella kerralla mukana ulkoministeri* **Alexander Stubb** *ja iltapalan siunaajana katolinen maallikkosaarnaaja* **Timo Soini**.

Kalervo ulkomailla, tapahtuu Suomessa

E ntä jos Tarja Halonen olisi nimittänyt Kalervon Suomen Pankin tammipöydän äärelle kirjoittelemaan muistioita pehmustetuilla paikoilla istuskellen? Ei häntä sinne valittu, vaan otettiin toinen yläsavolainen Pentti Hakkarainen Postipankin pääkonttorista.

Suomen Pankin pääjohtajaksi aikaisemmin noussut Mikkelin palopäällikön poika Erkki Liikanen on usein nähty kirkonmenojen esilukijana.

Pankinjohtaja Hakkarainen voisi hyvin olla J.K. Paasikiven valtuuskuntaan Moskovan neuvotteluissa talvisodan alla kuuluneen diplomaatti Karl Adolf Rafael Hakkaraisen hengenheimolaisia. Nimi ainakin on enne. Suomalaisen politiikan käsikirjana vielä 2000-luvulla luettavan vanhan testamentin oppien mukaan isien hyvät ja pahat teot muistetaan neljänteen polveen saakka.

Kuopion palopäällikön poika Lasse Lehtinen lähetettiin ulkoministeriön viranhaltijaksi Lontooseen, mistä palattuaan hän ryhtyi savukkeiden myyntimieheksi Amer-tupakkaan; Suomen Pankkiin turhaan yrittänyt, mutta Nokian johtajaksi kutsuttu Esko Aho ohjattiin Harvardin yliopistoon lähemmäs Bengt Holmströmiä, hänkin kokeneita nokialaisia; Arja Alho pistettiin opiskelemaan kansainvälistä politiikkaa Kanadaan häipyen pian Suomi-Etelä-Afrikka seuran puheenjohtajaksi; Mauno Koiviston manttelinperijöistä ykkössuosikiksi nostettu Sauli Niinistö lähetettiin neljäksi vuodeksi kasvamaan korkoa Euroopan Investointipankkiin; Jörn Donner lähti parin vuoden pestille pääkonsuliksi Los-Angelesiin vaihtokappaleena pelimiesten arvellessa Kalervon olevan kiinnostunut avoimeksi

69

tulleesta ympäristöministeriön virasta. Kotiin palattuaan Donner on harrastanut suomalaiselle uraauurtavaa itsekritiikkiä syyttäen itselleen niin rakkaita suomenruotsalaisia keskittymisestä liiaksi rakkauden vaalimiseen.

*

Päätoimittajat ovat kilvan ihastelleet Mikael Jungnerin "sattumia", joista tunnetuin sattui Hakaniemessä silloin kun hän poliittisen uransa alkupaukuksi tervasi ja höyhensi Rauhanpatsaan, rumentaen eliitin pelkäämän naapurikansan naisen symbolin.

Nyt se on sitten tapahtunut, se kaivattu suomenkielinen uskonpuhdistus eli reformaatio (teologian ylioppilas Timo Laaninen sekoilee evoluutiosta ja revoluutiosta). En siitä saa kunniaa minä maallikko, eivätkä Universtaan kirjanoppineet, vaan pikemmin johtokuntatason kommareiden juoksupoika Mikael Jungner.

Kyse on kuvien kaatamisesta, kuten Luther

tiesi. Jungner joutui häpäisemään rautahökötyksen Hakaniemessä, koska naapurikansan naisen kauneutta symbolisoivan patsaan tervaaminen ja höyhentäminen Eteläsatamassa olisi näyttänyt liian rivolta. Oivalsin tämän eilen, siis väärän patsaan uhraamisen.

*

Luvattuaan tulla rikkaaksi, joka luovuttaa kaiken köyhille jättämättä almuakaan edes omille lapsilleen, Jari Sarasvuo kävi valtiovarainministeriön ala-aulassa lietsomassa pienyrittäjien verokapinaa turhaan, sillä ministeri Antti Kalliomäki ei ottanut lähetystöä vastaan. Pikainen pyörähdys kantapäillä teki verouudistuksen vastustajasta sen intohimoisen puolestapuhujan.

*

Korkeasta virasta päästyään Tarja Halonen liittyi Kallion seurakunnan jäseneksi, koska "jokin suurempi on uraani suunnitellut". Vastaavasti Jutta Urpilainen

71

huokailee voimattomana, että "niin käy kuin käy".

Kun teologia astuu politiikkaan, vastuu siirtyy kuulijalle.

*

Keskustassa jännitetään pysyykö kannettu vesi kaivossa, eli satoiko Nokian huumassa puolueen päälle mannaa taivaasta? Häkäpönttöautoilija Juha Sipilä on varmuuden vuoksi vaihtanut sähköautoon kuultuaan epäiltävän, että Suuri Prosessijohtaja olisi osoittanut hänet politiikkaan todistamaan, ettei uskonto ole tässä maassa oopiumia pelkästään kansalle.

Kalervon Roomassa kuulema väite, että

Kommunistisen Itä-Euroopan kansoilla on jonkinlaista toivoa omaperäisen ajattelun kehittymisestä, mutta suomenkielisillä ei, sillä heidän ajattelunsa toimii ikään kuin ratas pään koneistossa olisi alun perin lähtenyt pyörimään väärin päin", on saanut sisältöä Juha Sipilän johtaessa pyörämarsseja maakunnista pääkallonpaikalle Helsinkiin päin.

*

Kv-järjestöissä on ammattikunta joka hengittää kansainvälisyyttä, nimittäin simultaanitulkit, Alexander Stubb on yksi heistä. Eri asia on ymmärtää kansan paikallista luonnetta, eikä sitä voi vaihtaa.

Stubbin ura EU:ssa alkoi Paavo Lipposen hallituksen lähettämänä eityisavustajana komission italialaisen puheenjohtaja Romano Prodin esikunnassa valmistelemassa suomalaisten virkamiesten rekrytointia. Valituista valituimpien portinvartijan näytöistä piittaamatta kokoomusväki ei kuitenkaan valinnut Alexander Stubbia puolueensa virkamieheksi, vaan isäntien isännäksi, Il Capoksi.

*

Hurahdettuaan irlantilaisessa kappelissa katoliseksi nuoren naisen edessä on vakaiden

73

sotaveteraanien edusmieheksi laittautunut Timo Soini omaksumassa valtakunnan "pillupoliisin" roolia päällimmäisenä moraalinvartijana vanhan testamentin ahdistavan hengen vaalijana.

Siinä meillä on toinen johtokuntatason kommunistien avainlapsi henkeen ja vereen.

Siilinjärven partiopoika Jyrki Katainen kääntyi Sipoon leidien asialle ollessaan harjoittelijana Lontoon suurlähetystössä hyläten samalla haaveet kansainvälisen virkamiehen urasta myöntyessään kahden luokseen tulleen Sipoon leidin vaikerruksille turvata heidän kukoistuksensa kalustetuissa huoneissa.

*

Joka toinen Kalervon opiskelukaveri, tuttava ja sukulainen on päässyt kohtalon yhteisen hyvittäjän lähettämänä tutustumaan "mualimaan"; yksi USA:an, toinen Afrikkaan, kolmas Irlantiin.

On vahvistunut epäilys, että kaikkien totalitarismien slogan "tarkoitus pyhittää keinot" on hämmentävän hyvin toteutunut Suomessa siten kuin Platon oli hahmotellut antiikin kolmijakoisessa ihannevaltiossa: 1) filosofit ajattelevat 2) sotilaat hoitavat turvapalvelut 3) rahvas tuottaa ruokaa.

Luottamus

Suomenruotsalaisen kulttuurivaikuttaja Amos Anderssonin nimi liittyy väkevästi Villa Lanteen, luksustason näköalapaikalla Roomassa sijaitsevaan Suomen kulttuurikeskukseen. Se ostettiin sotien jälkeen Anderssonin kukkarostaan ravistelemilla rahoilla Suomen valtiolle. Tällä hetkellä Villa Lanten hallintoelimissä vaikuttavat ymmärrettävistä syistä muiden muassa Antti Herlin, Paavo Lipponen ja Suvi-Anne Siimes, sillä instituutin tutkimuksilla ei ole mitään tekemistä nykyisen Italian kulttuurin eikä ylipäätään

76

nykyajan kanssa, vaan työt keskittyvät kauan sitten kuolleeseen latinan kieleen sekä muihin antiikin ilmiöihin, mikä hyvin sopiikin Helsingin Yliopiston maineelle, joten mukana on myös rehtori Thomas Wilhelmsson, joka johtaa puhetta myös Yle:n hallituksessa Antti Herlinin hoitaessa samaa tehtävää Sanoma Oy:n hallituksessa.

*

Syystä, jota ei silloin ymmärtänyt, Kalervo oli Roomassa asuessaan viety makuuhuonetta katsomaan rientäneiden Helsingin naisten mukana Villa Lanteen tapaamaan siellä tutkimusmatkalla piipahtanutta vanhalestadiolaisuuden tutkija Juha Pentikäistä.

Kolmisen vuosikymmentä myöhemmin Pentikäisen poika Mikael ylennettiin Helsingin Sanomien päätoimittajaksi lestadiolaisen taustansa ansiosta, olivathan suomalaiset 1800-luvulla joutuneet samaan valtakuntaan venäläisten kanssa jolloin ruotsalaislähtöisiä kansanherätysliikkeitä oli kehitetty pitämään suomen- ja venäjänkieliset käsivarren mitan päässä toisistaan. Sitä perua lestadiolaiset osallistuvat jokakesäisiin suvijuhliin toteamaan että omat veljet, sisaret ja muut sukulaiset varttuvat kehdosta hautaan keskenään samassa järjestyksessä kuin ovat maailmaan tulleetkin, eivätkä ole alkaneet keksimään mitään omia hömpötyksiä.

Suomen kulttuurikeskus Villa Lante katsoo
taustalla kukkulan päällä yli Rooman.

Nielaistuaan vapaalle tiedonvälittäjälle asetetun syötin julkaisemalla uutisen naisilta

78

suljetun salaisen Keskiviikkokerhon toiminnasta Mikael Pentikäinen sai lähteä HS:n päätoimittajan paikalta "luottamuspulan" takia. Lopputili kourassaan hän alkoi kiertää Mersulla Itä-Suomen kyliä keräilemässä kansalaisten ääniä, jotka eivät kuitenkaan riittäneet europarlamenttiin valituksi tulemiseen. Äitinsä puolelta yläsavolaista Mikaelia on pääkaupungin kamareissa esitelty yläsavolaisena ajattelijana, mahtavimpana sitten Petter Kumpulaisen (1817–1880), jonka "vaikerrukset" kuultiin Helsingin kabineteissa saakka.

Kumpulainen oli valtiopäivämies ja maanviljelijä Iisalmessa. Kun kenraalikuvernööri Berg matkusti vuonna 1856 Iisalmen kautta Ouluun, Kumpulainen jätti tälle anomuskirjelmän, jonka ansiosta Iisalmen kauppala perustettiin. Kumpulainen harjoitti laajaa suoviljelyä. Hän oli valtiopäivillä edustajana 1863–1878. Vielä tänäänkin koulujen nimet Iisalmessa kertovat menneiden aikojen suurhenkilöistä: Juhani Ahon koulu, Kauppis-Heikin koulu, Edvin Laineen koulu.

*

79

Luottamus oli kirjailija Milan Kunderan mukaan kommunistisessa Tsekkoslovakiassa vallanpitäjille pyhä sana; yhdelläkään kansalaisella ei voinut olla mitään syytä yksityisyyteen, koska Puolue ajatteli jokaisen yksilön parasta. Toisinajattelija saattoi kokea tulleensa häväistykseksi luotettuaan tuttuun toimittajaan keittiöpöytänsä ääressä, mutta nähdessään itsensä myöhemmin television ruudussa. Kansa kutsui valvojatoimittajia pillupoliiseiksi, kuten kutsuu Suomessakin.

*

Ruotsin kulttuurin sisältönä on "*yksi kieli, monta mieltä*", siksi diskuteerataan; Suomen kulttuurin sisältönä "*kaksi kieltä, yksi mieli*", siksi suut pidetään kiinni, ettei kasakka tule ja vie kieltä jos se on löyhästi kiinni.

*

Sikatilallisen poika Ilkka Kanervan tultua häväistyksi ulos ulkoministerin virasta syntyperältään ruotsinkielinen Johanna "Tuksu" Tukiainen paljasti ruotsalaisen

80

Dagens Nyheterin palstoilla järkyttyneenä miten suurten voimien pelinappulana häntä oli Kanervan tapauksessa pidetty, mutta yksikään suomalainen lehti ei uskaltanut syöttiin tarttua. Eihän se vahva ollutkaan, olisivat taivasteleet jos ihminen olisi sortunut Herran koetellessa valittuaan. Natsit tunsivat samat julmista julmimmat menettelytavat valikoidessaan valituista valituimpia omissa joukoissaan.

*

Mihin viiteryhmään Suomi haluaa kuulua, usein kysellään, eikä vastaaminen tunnu helpolta suomalaisen kulttuurieliitin palkittua itsensä "Iron Sky" elokuvasta, jossa löysivät natsikavereita kuusta. Vertailukohdan havaitsemista helpottaisi tutustuminen oikeiden saksalaisnatsien menettelytapoihin kaaderijoukkojensa puhtaana pitämiseksi. Kiusattavaksi joutui usein sellainen, joka oli elämäntaipaleellaan ehtinyt saavuttaa niin vakaan kehitystason, ettei voinut enää perääntyä, saati löytää itselleen uutta elämän suuntaa. Ihmisluonteen uskomaton sitkeys palkittiin Helsingin Sanomien palauttaessa Ilkka Kanervalle maineen Ukrainan kriisin yhteydessä.

*

Jos porvoolaisen syntyperäinen tuotemerkki olisi Satu Tajunen, niin eikö voisi kuvitella hänen tietään ohjattavan kohti jonkun puolueen rautanyrkkiyttä valtakunnan politiikan vielä EU-ajallakin pohjautuessa vanhan testamentin arvopohjaan? Tuolloin ihmisen kohtalon voitaisiin sanoa olevan aika pitkälle ennaltamäärätyn; niinpä jos olit saanut nimeksi Pönkkö ja luulit kelpaavasi ajattelijaksi, sanottiin puuhevostenkin nauravan, toisaalta nimi Mikael tuntuu tänäkin päivänä lähes taivaallisella tavalla tasoittavan tietä median näköalapaikoille.

Timo Soinin sutkautukset tulevat samasta sylttytehtaasta josta vanhan testamentin kirjanoppineita löytyy; Porvoosta ovat peräisin sekä Kataisen sanoittajana toiminut Taru Tujunen että Soinin rytmittäjä Jukka Jusula, elleivät Matti Putkonen ja Raimo Vistbacka uskomattoman miehekkäässä

82

kateudessaan ole Jusulaa vielä syrjäyttäneet, kuten Soini on pelännyt.

Porvoossa pidetään myös huolta, ettei sanailu ylly vakavammin loukkaamaan häntä, joka istuu hallitusneuvotteluissa Hänen oikealla puolellaan ja on sieltä tuleva valitsemaan kumppaneitaan. Veikko Vennamo kutsui tämän oppimista politiikan koirakouluksi.

Toisin kuin paavi Fransiskus, joka on julkisesti pessyt vähäosaisten jalkoja, kantaa katolilaiseksi hurahtanut Timo Soini kalupakissa rasvoja myös isojen pomojen jaloille päästäkseen hallitukseen, muutenkin Soini on ihme jehu: lensi päiväseltään Vatikaaniin tapaamaan vanhoillisia kardinaaleja suljettujen ovien takana ja palattuaan huokaili, ettei tule koskaan unohtamaan. Niin taipui lopulta "Kanki" Vatikaanin pinaattia haukanneen Soinin käsissä perussuomalaisten vaadittua porvoolaisen Pirkko Ruohonen-Lernerin johdolla Antti Kaikkosen eroa eduskunnan suuren valiokunnan varapuheenjohtajan paikalta lahjustuomion vuoksi. Euroopan vaarallisin mieskin Soini on kehunut olevansa, ikäänkuin ei olisi kuullutkaan edellisellä vuosisadalla Eurooppaa raunioittaneista kardinaalien Il Capo - kavereista.

Päätelmiä

Totalitaristisen ajattelun elinvoimaisuus piilee siinä, että ihmiset lokeroidaan ja että he itse hyväksyvät sen. Kukin lokero sitten esiintyy julkisuuteen yhden johtajan naamalla. Suuri vastuu lankeaa medialle jonka pitää uskaltaa kurkistaa myös lokeroiden sisäpuolelle, ettei yksilöitä kohdella kasvottomana massana eikä litistetä numerojärjestykseen toinen toistansa ylemmäksi tai alemmaksi, vaan tunnustetaan ainutkertainen yksilöllisyys aina kaikkea ryhmämäärittelyä tärkeämmäksi.

"Kaikki pohjoismaisessa hyvinvointi-valtiossa, ei mitään hyvinvointivaltion ulkopuolella, ei mitään hyvinvointivaltiota vastaan"

kelpaisi Suomen hallituksen sloganiksi sovellettuna Benito Mussolinin ja Giovanni Gentilen julistuksesta vuodelta 1925:

"Kaikki valtiossa, ei mitään valtion ulkopuolella, ei mitään valtiota vastaan."

*

Nyky-Italiassa sanotaan hallitukseen pyrkijöistä torpattavan ensimmäiseksi ne, jotka väittävät pilven reunalla istuvan jonkun veikkosen, jolla on ihmisjärkeä parempaa tietoa elävien ihmisten olosuhteiden järjestämisestä. Ajattelutapa on muotoutunut itsekritiikistä, joka kohdistui natsien kanssa liittoutuneisiin oikeistovoimiin veljeilyssä mafian kanssa kommunistien pitämiseksi kabinettien ulkopuolella johtaen puoluekentän sirpaloitumiseen ja lopulta mahtavan kristillisdemokraattisen puolueen tuhoutumiseen.

86

Mutta Suomessa otetaan hallitukseen vain, jos tuon pilviveikkosen olemassaoloa ei epäile. Historiallisen totuuden etsimistä tärkeämpää onkin elävien ihmisten olosuhteiden kohentaminen, sillä historia kohtelee kovakätisesti niitä, jotka eivät ymmärrä historian kulun logiikkaa.

*

Suomen strategiasta vastaavat taistelevat joka päivä pohjoismaisen hyvinvointivaltion pelastamiseksi. Suurin torjuntavoitto saavutettiin kun aseveli ajettiin Lapista säilyttäen Vanhan testamentin aatteen ytimen tukemaan historian kasaamaa elitismiä. Suomi on ruotsalainen, juhlittinpa asemalla Kyösti Kallion tai Sini Saarelan vuoksi.

*

Porin partiolaisleirillä ovat kesäisin kaikki; Martti Ahtisaari, Ben Zyskowicz ja Tarja Halonen, Liikasen Erkki ja Tuomiojan Eki, Vanhasen Matti ja Rehnin Olli sekä kaikki merkittävät mediapomot tekemässä leirijuttuja: syödään, maalaillaan taivaanrantoja, tutustutaan kaupunkiin ennen kuin toimitetaan illaksi leirin uutiset Maikkariin. Koska kyseessä on Suomi-Areena, puhutaan myös rauhasta, ystävyydestä, solidaarisuudesta ja tasa-arvosta.

*

Kielten oppimista pidetään kansainvälisissä ympyröissä lähinnä matkimiseen verrattavana haasteena, missä parhaiten auttaa elävä sanakirja josta kaikilla pikkulapsilla on omakohtaisia kokemuksia, sen sijaan kansan ominaispiirteiden ymmärtäminen monikulttuurisessa Euroopassa on jotakin ihan muuta, sillä kansaa ei voi vaihtaa.

*

Necessario vincere, piu necessario combattere. (Tärkeää on voittaa, tärkeämpää on taistella) -Fasismin motto

Perustettaisiinko
Rauhanoppositio?

Rooma, citta aperta = avoin kaupunki, jonka vetovoima piilee sen asukkaissa. Ruotsissa ajatellaan melko lailla samalla tavalla. Jokainen erikseen ja kaikki yhdessä ovat individualisteja, icke nationalist. Sen sijaan Suomessa kaikki on "kansallista" toisin sanoen "natsionalist"; teatteri ja kirjallisuus, Runeberg ja Klinge, Kolbe ja Sofi, sekä kaksi kansallista kieltä.

Kypsällä iällä historialliseen Roomaan hullaantuessaan älyllisen puolustuskykynsä menettänyt Helsingin kaupungin entinen apulaiskaupunginjohtaja tohtori Pekka Korpinen kuvaa puolihumoristisesti nimeämässään "Mein Kamppi" kirjassa muiden muassa Kampin kappelia, joka on kuin tyhjästä ilmestynyt linja-autoaseman Espoon puoleisen sisääntuloväylän päähän ruotsalaisen kansanpuolueen toimiston ikkunoiden alle.

Ruotsalainen piispa Lennart Koskinen on kirjoittanut kaupunkirakenteen kehittymisestä läntisen kulttuurin ilmentymänä. Perinteisesti keskustan ovat muodostaneet kirkko, koulu, kaupungintalo ja pankki torin ympärillä.

Muuttuvan Helsingin uusi valtakeskus ryhmittyy Lasitalon tuntumaan; metsäyhtiö UPM, jokunen dataliikenteen valvontafirma. Eduskunta ja musiikkitalon hömppä sekä tuleva kirjasto.

Pitäisi ehkä nostaa "kettutarha" keskiöön ennen Lasitaloa, koska saivathan kansanedustajat oman balettinäytöksen, joskin puolet porukasta kettuili jäämällä kotiin.

Totuuden sanotaan modernissa ajassa määrittyvän yksilöiden kokemusten kautta. Niinpä savolaiset, joista monet olivat tottuneet etelään muutettuaan asioimaan keskenään kerran vuodessa joulukortin kautta ja korkeintaan käymään lisäksi pakollisissa sukutapaamisissa kyräilemässä toisiaan, ovat siirtymässä globalisaation aikakauteen kännykkäkuvauksen ja Facebookin intohimoisina ystävinä.

Muutos syvenee kun rohkaistumme kirjoittamaan omista kokemuksistamme, sen sijaan että saamme tyytyä lukemaan jokaviikkoisesta Miilusta sotaveteraanien kokemuksista. Meille avautuu uusien mahdollisuuksien demokraattisempi maailma.

Kun on kierretty muutakin kuin Senaatintoria, on Väinö Linna jäänyt perin tuntemattomaksi, mutta olettaisin hänen tuotantoaan arvostettavan yksinkertaisten valmentamisessa tykinruoaksi.

Esson baarilla on sanottu Suomen kansan saavan asettaa ehdokkaita, joista johtokuntatason kommunistit sitten valitsevat. Näin syntyi politiikan uusi raskassarjalainen

91

Anne Berner, ajatushautomo Liberan aktiivi, joka asetettiin ehdolle tavallisten maalaisten puolueen listoille viime tipassa tukkimaan uusia ajatuksia.

Ruohonjuuritason savolaisten herätessä tähän ainoaan elettävissä olevaan elämään, pitänee muistaa myös johtokuntatason kommunistien avainlapsia, joista Kuopiossa syntynyt tohtori Taneli Lahti on tosivaikuttajan hommassa johtaessaan Jyrki Kataisen ja Olli Rehnin apulaisen kokemuksella EU:n talouskomissaari Dombrovskisin kabinettia. Sieltä tuli yllättäen ja pyytämättä kesken hallitusneuvottelujen ennakkoilmoitus Suomen taloutta koskevasta shokkiraportista. Toinen kuopiolaislähtöinen Lahti, Ari etunimeltään, on päässyt "anneberneriksi" puristamaan hyvien veljien anteliaita kätösiä kerätessään lahjoituksia Guggenheim-museota varten.

Pääministeri Mari Kiviniemen aikaan valtiosihteeriksi löytyi "Il Capo" Kyyjärven kunnanjohtajasta. Siihen aikaan tosi miehet ja naiset kutsuttiin muutamaksi viikoksi maanpuolustuskursseille hyppimään työajalla puskissa ja hörppäämään pakista soppaa.

Mika Rossi siirtyi pian politiikasta isojen miesten puolelle Accenture-firmaan, joka kenties konsultoi valtiollisen piruntorjuntayksikön perustamista, eikä lainkaan huonoilla näytöillä, päätellen siitä että maan kaikki mediat kävivät keväällä 2015 Newsweek-lehden kimppuun sen julkaistua parin "putinistin" mielipiteitä 900 000 reserviläiselle jaettavasta kirjeestä.

Helsingin kauppatorin Etelärannan uutta arkkitehtuuria värittävät Martti Ahtisaaren ideoiman Crisis Management Initiativen (CMI) toimisto, Elinkeinoelämän Keskusliitto, Katajanokan periferiasta muuttanut Kirkkohallitus sekä suunniteltu Guggenheim-museo, jota ajetaan kuin käärmettä pyssyyn Helsingin kauppatorin reunaan vastapäätä Tasavallan presidentin linnaa, ilmeisesti osana isompaa projektia kehittää Suomesta entistä selvemmin ns. rumien hallitsema vähemmistöjen paratiisi.

Vanha testamentti sisältää kertomuksen koko maailman synnystä ja kertoo, miten Jumala valitsi Israelin omaisuuskansakseen muiden kansojen keskuudesta ja miten hän johdatti kansaansa historian lävitse.

*

Suomen strategiasta vastaaville aina niin läheisessä Saksassa opetettiin sormi pystyssä 1920-30 luvuilla puhumaan rauhasta ja samalla valmistautumaan sotaan niin perusteellisesti, että eräällä kokoomusvoittoisella nettipalstalla epäiltiin rauhanliikkeen merkkiä takin liepeessään vuosikymmeniä kantaneen ulkoministeri Tuomiojan tulleen sotahulluksi. Tunnettuna sotahistorioitsijana hän on kerännyt näyttävän valikoiman sotakirjallisuutta kaiken maailman lentokenttien kioskeista. Eikö semmoinen johtokuntatason kommari ala helposti ajatella takaperin?

Perussuomalaisten muutettua puoluetoimistonsa Dianapuistoon alkaa näyttää siltä, että suomalaisia yritetään palauttaa 1800-luvulle.

Yhä useammin kauppakeskuksen ankkurit tulevat jostain toisesta pohjoismaasta: Gigantti ja Dressmann Norjasta, H&M ja Stadium Ruotsista, BR-lelut ja "Tiimarin tappaja" Tiger Tanskasta. Suurten kauppakeskusten takaa usein löytyy yksi ja sama omistaja: Citycon.

*

Suomenkielisiä johdetaan kuin lukutaidottomia RUK:n opeilla käskyttämällä, olettaen, että he kunnon professoreiden tapaan jäykistyvät kuullessaan sanaparin "israelilainen Suomessa". Näin maassa, jonka kirjallista elämää dominoi yksi ainoa kirjallisuuspalkinto ja jossa melkein kaikki ostavat läheisilleen saman kirjan joululahjaksi.

*

Mitään merkittävää ei tapahdu ilman valtion myötävaikutusta kapitalismin tukijana. Ei Sailas eikä Korkman kuulosta sosialistilta, vaan kapitalistilta, samoin Ehrnrooth, Wahlroos, Hetemäki ja Talvivaara,

Finanssivalvonta, Sitra, Eduskuntatutkimuksen keskus ja Helsingin Yliopisto jonka kansleri on nimitetty Ylen hallituksen puheenjohtajaksi ilman aikaisempaa kokemusta ko. hallituksesta.

Päästyään monivuotiselta maailmankierrokselta kotiin ruotsinkielen pakollisen opetuksen autuaaksi tekevää vaikutusta epäillyt tuhlaajapoika Risto E J Penttilä nimesi pelastajakseen Georg Ehrnroothin. Toimistossaan Ostrobotnian korttelissa Matti Vanhanen valvoo samojen pelastajien etua huutoetäisyydellä eduskunnasta.

*

Silloin siellä jossakin osui Simo Häyhä satoja kertaa puun oksalta käsin, nyt ovat EU:n suomalaiset sotilasneuvojat Ilkka Salmi ja Georgij Alafuzoff mukana tuloksena 6000 kuollutta torakkaa Donbassissa, eikä mikään ole meillä muuttunut: vanhatestamentillinen rautanyrkki; iske oikeaan, viillä vasempaan, minne vain käteni sinua ohjaa, minä Herra olen puhunut; rahan valta ja omaisuusarvon kasvattaminen yli ihmisarvon, vaikka moni osaisi lukea.

Suomalaiset kirjailijat liikkuvat samoissa piireissä poliitikkojen kanssa nauttimassa kustantajien ja rahamiesten seurasta. Kartanoita vertaillaan, siteerataan Kordelinia ja Armfeldt mainitaan toisinajattelevien investointipankkiirien parissa. Donbassin kaatuneista torakoista vaietaan.

Donbassin väki on saamassa oikeuden omakieliseen hallintoon. Suomalaiset konsultit Astrid Thors etunenässä korvattiin italialaisilla.

*

Kauan ehdittiin tottua ajatukseen, että läntisen valloitussodan viimeinen näytös olisi koettu holocaustin myötä, mutta sinikeltaisia kravatteja käyttävien yritys "läntisen" pakkokulttuurin viemiseksi Itä-Ukrainaan on osoittanut toiveet turhiksi. Uskoimme pysyvän rauhantilan EU:n myötä vakiintuneen Euroopassa, mutta se näyttää murtuneen, ellei politiikkaan saada uusia kasvoja.

Kaikkea tällaista hän saa yhä Suomessa aikaan, vaikka ei ihmisen kanssa puhu, eikä kukaan ole häntä nähnyt, tuo halujen herra.

Viehätysvoima on sitä, että osaa kuulla myönteisen vastauksen vaikka ei olisi esittänyt selvää kysymystäkään
-Albert Camus

Jälkisanat

Sodan lietsonnan keskellä Kalervo muistaa Aatos Erkkoa lämmöllä hänen vastattuaan henkilökohtaisella kirjeellä "apuraha-anomukseen" (kts. Sivu 43), päinvastoin kuin kulttuuriministeri, joka lähetti kyselijän remonttimiesten apulaiseksi Kansallisteatterille.

Teatterivuoden 2003 aikana ei töitä joka päivälle kuitenkaan riittänyt edes näyteltäväksi, joten hänet lähetettiin välillä moukaroimaan Martti Ahtisaaren kylpyhuoneen kalusteet säpäleiksi Pohjois-Hesperiankadulla putkiremontin alta. Vaikka

Ahtisaari tunnetaan kriisinhallinnan guruna, ei hän ollut remonttimiehiä itse valinnut, vaan kyse oli taloyhtiön tilaamasta urakasta.

*

Nyttemmin on saatu lukea Aatos Erkon kuoleman jälkeiseen haastatteluun perustuvasta kirjasta hänen aikoneen -90 luvun loppupuolella myydä konserninsa ulkomaiselle ostajalle, jos hinnasta olisi päästy sopimukseen.

*

Kansallisteatteri, jonka pääjohtaja on autoteknikosta pikakurssitettu teatterinohjaajaksi, esittää kohunäytelmää Maaseudun Tulevaisuus, joka ei liene saanut nimeään Erkon päälehden entisen päätoimittaja Mikael Pentikäisen uudesta työpaikasta nimeltä Maaseudun Tulevaisuus, vaikka onkin saanut valmisteluvaiheessa rahallista tukea Maataloustuottajain Keskusliitolta MTK.

Näytelmän tähtiesiintyjä Ville Haapasalo oli ennen sanonut ihmisten todistaessa Venäjä-kauttaan "tahdon" suomenruotsalaiselle teatterialan naiselle.

Sdp:n kansanedustaja Antti Lindtmanin vaimoksi Tarja Halosen ja Eero Heinäluoman silmien alla vihitty Kaija Stormbom on MTK:n palveluksessa yhteyspäällikkönä.

Rakkaudesta se hevonenkin potkii, toisin sanoen moni ilkeimmistä kiusaajista on alkujaan esiintynyt vasemmistolaisena, kuten Benito Mussolini, kansainvälisesti tunnettu Italian nuordemarien johtaja. Antifasistien mielestä fasistinen järjestelmä pystyy täydellisimmillään panemaan omat tekonsa muiden syyksi.

Suomen Kansallisteatteri Aleksis Kiven patsaan takana.

Henkilöhakemisto